Helmut G. Sieczka

Chakra – Energie und Harmonie durch den Atem

Helmut G. Sieczka

Chakra

Energie und Harmonie durch den Atem

Die häufigsten geistig-körperlichen Symptome bei einem verminderten Energieniveau in den jeweiligen Chakren

Aktivierung und Harmonisierung der feinstofflichen Energiezentren durch bewußtes Atmen

Ganzheitliche Selbstheilung

Oesch Verlag

CIP-Titelaufnahme der Deutschen Bibliothek

Sieczka, Helmut G.:

Chakra: Energie und Harmonie durch den Atem; die häufigsten geistig-körperlichen Symptome bei einem verminderten Energieniveau in den jeweiligen Chakren; Aktivierung und Harmonisierung der feinstofflichen Energiezentren durch bewußtes Atmen; ganzheitliche Selbstheilung / Helmut G. Sieczka. – Zürich : Oesch, 1990

ISBN 3-85833-410-3

Schutzumschlag: Heinz von Arx, Zürich
Satz: Jung SatzCentrum, Lahnau
Aufnahmen: Fotostudio Wagner, Pfaffenhofen
Darsteller: Kosho Weinzierl
Lektorat: Barbara Bernath-Frei
Druck und Bindung: Kösel, Kempten
Printed in Germany

ISBN 3-85833-410-3

Inhaltsverzeichnis

»Wer sich mit Luft ernährt,
leuchtet wie ein Gott
und lebt lange.«

Konfuzius

»Im Atemholen sind zweierlei Gnaden:
Die Luft einziehen, sich ihrer entladen;
Jenes bedrängt, dieses erfrischt;
So wunderbar ist das Leben gemischt.«

Buch des Sängers, Talismane
Goethe

Vorwort

Die Vertreibung aus dem Paradies oder aus dem Bewußtseinszustand der Einheit ist kein Zufall, sondern für die geistige Entwicklung eine bewußte und notwendige Seelenentscheidung.

Wir verließen die Einheit oder sind aus ihr herausgefallen, um anschließend auf einem Lernweg und in einem Selbsterkennungsprozeß als reiferes und spirituell entwickeltes Wesen zum Ursprung zurückzukehren. Die polare Welt und unsere Individualisierung ist somit als Lern-, Läuterungs- und Erkenntnisprozeß zu verstehen. Die Absicht des Lebens ist es, sich auf den Weg zu machen, um anschließend reicher und bewußter zum Ganzen zurückzukehren, was auch eine Bereicherung für die Einheit darstellt.

Yorgason weist im »Denkmal« mit einfachen Worten auf das Eigentliche einer Inkarnation hin:

»Bevor Gott seine Kinder auf die Erde niedersandte, übergab er jedem von ihnen ein Bündel mit sorgfältig ausgewählten Problemen. Diese Probleme, verspricht er

lächelnd, gehören dir ganz allein. Kein anderer wird den Segen erfahren, den dir diese Probleme bringen werden. Und nur du allein besitzt die Talente und Fähigkeiten, die nötig sind, um diese Probleme in deine Diener zu verwandeln. Nun tauche ein in deine Geburt und in dein Vergessen. Wisse, daß ich dich über alle Maßen liebe. Diese Probleme, die ich dir mitgebe, sollen Zeichen sein für diese Liebe. Das Denkmal, das du aus deinem Leben machst, mit der Hilfe deiner Probleme, wird ein Symbol deiner Liebe sein, für mich, deinen Vater.«

Probleme gibt es nicht, aber Situationen, die wir noch nicht verstehen, begreifen und annehmen können. Das Bewußtsein ist noch nicht reif dafür. Deshalb werden Probleme so lange verdrängt, ignoriert und weggeschoben. Wenn wir uns unseren Problemen nicht stellen, geben wir ihnen ständig Energie und machen uns damit zu ihren Sklaven. Denn alles, was in unserem Leben existiert, braucht Energie in Form von Aufmerksamkeit und Bestätigung, sonst kann es nicht weiterbestehen.

So können wir heute Situationen, die noch vor einigen Jahren ein Problem für uns waren, emotional akzeptieren*; wir haben in der Auseinandersetzung mit dieser Situation gelernt, damit umzugehen, und sie somit im Bewußtsein angenommen. Das nennt man Problemlösung. Wir dürfen nicht erwarten, daß die Umwelt dies für uns tut, sondern wir erlösen das Problem in uns durch einen eigenen inneren Lernschritt. Somit bedeutet Problemlösung gleichzeitig eine Bewußtseinserweiterung.

* Akzeptieren ist die Beobachtung des Lebens, ohne zu urteilen.

Viele Mystiker und Meister sagen, daß wir ewig leben, existieren und uns dadurch ständig weiterentwickeln werden. Der Mensch ist eine erdachte und manifestierte Idee Gottes – mit einem freien Willen. Es liegt in den Händen jedes einzelnen, wie und was er/sie in seinem/ihren Leben zum Ausdruck bringen möchte bzw. kann.
Das Leben ist ein Geschenk der Existenz. Und es ist gleichzeitig eine Aufforderung für eine größere Bewußtheit. Vieles vom Wesentlichen ist uns verlorengegangen.

In einer Zeit, wo unser Leben in vielen Bereichen von Karrierestreß und von Höchstleistungen bestimmt wird, können die stillen und meditativen Augenblicke nicht mehr wahrgenommen werden. Da verbrauchen Menschen ihre ganze Kraft und Energie für mehr Erfolg und zur Vermehrung materieller Güter, obwohl wir keine wirklichen Eigentümer sind und nie sein werden. »Durchreisende, die zur Miete leben«, beschreibt unser Hiersein schon treffender. Auch das Streben nach mehr Macht und Einfluß hat zugenommen. Viel zu spät, wenn wir müde und kraftlos geworden sind und bemerken, daß tief in uns etwas zerbrochen ist und wir nicht mehr weiter können, sind wir bereit zur Besinnung, bereit zur Umkehr. Allzu oft, wenn die Hilferufe und Botschaften des Körpers ignoriert oder mit Medikamenten betäubt wurden, damit man ungestört seinen Irrweg weitergehen kann, ist es zu spät.

Wir sollten uns wieder mehr an uns selbst erinnern, damit das natürliche Gleichgewicht der Kräfte hergestellt werden kann. Je mehr wir uns zur Mitte hin orientieren, desto öfter läßt sich Ruhe, innere Gelassenheit und Harmonie wahrnehmen.

Chakra-Atmen kann auf dem Erkenntnis- und Befreiungsweg, besonders auf der emotionalen und energetischen Ebene, einen kleinen Beitrag leisten. Vielleicht können auch wir der Sehnsucht nach Glück – dem Wunsch nach Einheit – etwas näher kommen. Denn Glück läßt sich dauerhaft nur in der Überwindung der Polarität und dem Wiederfinden der Einheit realisieren.

Über die eigenen vorhandenen Möglichkeiten nachdenken, sie erkennen, verborgene Potentiale sichtbar werden lassen und sie in der Atem*praxis* zu erschließen, dazu dient dieses Buch.

Energetische Blockaden durch äußere Einflüsse

Selbstverständlich dürfen bei allen nachfolgenden Hinweisen die äußeren Einflüsse für Energieblockaden nicht unbeachtet bleiben.

Bei der Geburt tauchen wir in die *grobstoffliche* Welt der Materie ein. Schon im pränatalen* Zustand, so stellten Wissenschaftler und Mediziner fest, speichern wir erste Eindrücke. Das Erlebnis Geburt ist deshalb eine so bedeutsame Erfahrung im Leben eines Menschen, weil so viel auf einmal geschieht. Für das Kind verändert sich in der kurzen Zeit während und nach der Geburt die gesamte Realität.

Es verändert sich die Umgebung; statt der angenehmen Wärme des Fruchtwassers empfindet das Kind Kälte. Statt der Geborgenheit im Mutterleib erlebt es manchmal eine unabschätzbare Haltlosigkeit.

* als Embryo in der Gebärmutter

Deshalb versuchen viele Menschen dieses Einheitsgefühl, das sie im Mutterleib erlebten, immer wieder herzustellen, indem sie lange im Bett bleiben und warme Bäder und Duschen bevorzugen.

Erste negative Eindrücke in der Kindheit

Statt über die Nabelschnur mit Sauerstoff versorgt zu werden, ist eigenständiges Atmen angesagt. Häufig wurde die Nabelschnur zu früh durchtrennt, so daß sich die Lungen nicht sanft und langsam entfalten konnten. Hier wird häufig entschieden: »Atmen ist anstrengend« – »Das Leben ist ein Kampf«. Gerade auch die ersten sozialen Kontakte, dies sind meist der Arzt und die Hebamme, sind von großer Bedeutung. Fehlt eine behutsame Berührung, dann werden Schlußfolgerungen gezogen wie: »Die anderen tun mir weh«, «Ich kann kein Vertrauen zu Menschen haben.« Wurde das Kind zu schnell, ohne daß es sich an die neue Umgebung hätte gewöhnen können, von der Mutter getrennt, zeigen sich später im Leben häufig fehlender innerer Halt und mangelndes Urvertrauen, Desorientierung und Trennungsangst.

Sie werden Vergleichbares auch später in den Erklärungen der einzelnen Chakren wiederfinden. Wenn Sie sich in dieses Thema vertiefen möchten, empfehle ich Ihnen die folgenden Bücher: *Geburt ohne Gewalt* von Frederick Leboyer und *Neu geboren werden* von Phil Laut/Jim Leonard.

Kindern Sicherheit und Vertrauen vermitteln

Wie wichtig die ersten Lebensjahre eines Kindes sind, darauf haben immer wieder Soziologen und Psychologen hingewiesen. Dennoch wachsen viele Kinder in einer Umgebung auf, in der sie für das Verhalten und die Reaktionen der Erwachsenen oft keine Erklärungen erhalten. Unverarbeitete Erlebnisse und Eindrücke, zum Beispiel negative Programmierungen und Überreaktionen der Außen- und Umwelt, Drohungen, Ablehnung, Liebesentzug, Ungeliebtsein, mangelnde Zuwendung und Zärtlichkeit, sind – uns allen – allzusehr in Erinnerung geblieben. Sie haben unübersehbare Spuren in Körper, Seele und Geist hinterlassen.

Diese frühen Erfahrungen und seelischen Schmerzen, die Angst, nicht überleben zu können, widerspiegeln sich dann im Erwachsenenleben als undefinierbare Ängste, negative Lebens- und Verhaltensweisen, körperliche Verspannungen, belastende Emotionen, ernsthafte gesundheitliche Störungen und Depressionen.

Seelische Schmerzen verringern die Bewußtheit

Der seelische Schmerz ist in diesem Zuammenhang, die Angst, »das alles nicht überleben zu können«, und die Angst vor Verlust. Unterdrückte Emotionen und aufgestauter Schmerz verringern Bewußtheit, körperliche Gesundheit, Lebenswillen und die Lebensenergien. Es ist leicht verständlich, daß Schmerzen (körperlicher, gedanklicher und emotionaler Art) Auswirkungen auf das gesamte Energiesystem des Menschen haben. Unsere Lebensenergien können nicht mehr frei fließen.

Frühe Verletzungen integrieren

Wenn wir alle Ängste und Schmerzen, die als unbearbeitete Aufgaben in uns liegen, durch *bewußtes Atmen* integrieren und dadurch auflösen können, dann können wir uns einerseits wieder an unseren wahren Ursprung erinnern und anderseits ein Einheitsgefühl mit der Existenz herstellen.

Verantwortlich für sein Leben sein

An dieser Stelle möchte ich daran erinnern, daß wir den Zeitpunkt, den Ort und die Eltern für unsere Entwicklungsreise selbst gewählt haben, und somit einer Schuldsuche vorbeugen. Erst, wenn wir verantwortungsvoll auf die Ereignisse in unserem Leben antworten können und andere nicht für das eigene Schicksal verantwortlich machen, ist Entwicklung im Sinne einer Ganzwerdung möglich.

Zur Einheit zurückkehren

Die Erlösung geschieht, wie schon erwähnt, in der Integration von Konflikten, Ängsten und Schmerzen. Leider besinnen wir uns zuwenig auf die leicht zu mobilisierenden Selbstheilungskräfte. Indem wir, durch verstärktes Atmen, die Lebensenergien erhöhen, kann über die Energiezentren (Chakren) eine feinere und vor allem reinere Energie aufgenommen und der Konflikt aus einer anderen (vielleicht höheren) Sicht betrachtet und damit in seiner negativen Wirkung gelöst werden. Eine Konfliktlösung ist immer gleichzusetzen mit einer Energie- bzw. Atembefreiung; Energie wird frei. Unsere ureigene Schwingung (Mikrokosmos) kann sich der Urschwingung (Makrokosmos) annähern und harmonisch in diese hineinfließen. Wir wissen: Je grobstofflicher und dichter die materielle Ebene ist, was gleichzeitig einer langsameren Grundschwingung entspricht, desto weiter ist der Mensch von der Einheit, vom Urlicht entfernt. Das meint auch das Wort *religio*, was Rückkehr zur Quelle, Kommunion mit der Existenz, bedeutet.

Der Seele nachgeben und das Vertrauen ins Leben finden

In jedem Menschen ist eine natürliche Sehnsucht nach kosmischer Einheit, der Wunsch nach Geborgenheit und einem inneren Erfülltsein vorhanden. Wir suchen ständig, mehr oder weniger bewußt, Kontakt mit dem Ganzen. Und diese Sehnsucht führt uns, im Laufe unseres Lebens, durch viele Ebenen des Seins. Wer dem inneren Drängen der Seele nachgibt, gewinnt viele neue Einsichten.

Das Wiederfinden der Lebensfreude und Glückseligkeit kann Wirklichkeit werden. Die Chancen dazu sind größer, als wir im Moment glauben.

Die feinstofflichen Energiekörper

Die menschliche Aura von innen nach außen:

- Ätherkörper
- Astralkörper
- Mentalkörper
- Kausalkörper

Bevor wir gemeinsam Schritt für Schritt in die Atempraxis gehen, noch einige kurze Hinweise über die Aufgaben und Funktionen des feinstofflichen Energiesystems.

Die wichtigsten Bausteine des menschlichen Energiesystems sind:

1. Die feinstofflichen Energiekörper
2. Die Energiezentren = Chakren
3. Die Energieverbindungen = Energiekanäle

Außer dem physischen Körper, den wir sehen und begreifen, besitzen wir noch vier weitere, feinstoffliche, unsichtbare Energiekörper:

1. Der Ätherkörper
2. Der Astralkörper
3. Der Mentalkörper
4. Der Kausalkörper

Wie die Chakren, so schwingen auch die Energiekörper in ihrer ureigenen Frequenz. Sie durchdringen einander und *korrespondieren* lebhaft miteinander.

Der *Ätherkörper* ist dem physischen Körper in seiner Schwingungsfrequenz und Größe am nächsten. Er hüllt den sichtbaren Körper mit einer 10–15 cm dicken Energiewolke ein und bildet gleichzeitig einen Schutzschild gegen Bakterien und Schadstoffe. Der Ätherkörper ist Impulsgeber für unsere Lebenskraft, Vitalität und das äußere Erscheinungsbild.

Das Wurzel-Chakra (Erde) und der Solarplexus (Sonne) sind seine Versorgungsquellen und Energieträger. Über diese zwei Ebenen nimmt er Energie auf, speichert sie und führt sie beständig an den physischen Körper ab. Streß, negative Gedanken, ungesunde Ernährung, übermäßiger Alkohol- und Nikotinkonsum schwächen den Ätherkörper in seiner Aufgabe. Regelmäßiger Aufenthalt in der Natur und in der Sonne laden den Ätherkörper auf und stärken seinen Abwehrschild.

Der *Astralkörper* schwingt in seiner Frequenz etwas höher als der Ätherkörper. Er ist zuständig für den Bereich der Gefühle, Emotionen und Charaktereigenschaften des Menschen. Die Aura des Astralkörpers strahlt, je nach Entwicklung, einen bis mehrere Meter vom physischen Körper ab.

Der Astralkörper ist der Vermittler aller Empfindungen und Gefühle. In ihm spiegeln sich Ängste, Aggressionen, Freude und Liebe in aller Deutlichkeit und Klarheit wider. Er ist die »Gefühls-Kommunikationsstelle« im Umgang mit anderen Menschen. Diese Gefühle und Emotionen zeigen sich besonders im Bereich des Sonnengeflechts, das auch die Energieversorgungsquelle des Astralkörpers ist.

Auf der Astralebene verbinden wir uns, oft unbewußt, mit dem, was wir selbst in uns tragen. Hier haben Sympathie und Antipathie ihren Ursprung.

Unerlöste Emotionen und Gefühle können nur begrenzt von der geistigen Ebene (Mentalkörper) befreit werden. Dies kann letztlich nur über den Kausalkörper oder über integrative Prozesse geschehen.

Der *Mentalkörper:* Hier ist der Ort der Ideen und Gedanken. Die Schwingungsfrequenz ist höher, gleichzeitig heller und leichter als die des Äther- und Astralkörpers. Der Mentalkörper ist verantwortlich für unser schöpferisches Denken und die

Art und Weise, wie wir Informationen, die vom Astral- und Kausalkörper übermittelt werden, verstehen und für unsere geistige Entwicklung umsetzen können.

Dem Mentalkörper kann mit einer bewußteren Lebensführung (Meditation, Selbstakzeptanz, Auseinandersetzung mit dem Schatten) aktiv Energie zugeführt werden.

Der Mentalkörper steht besonders mit dem Stirn- und Kronenchakra in Verbindung. Sind diese beiden Zentren ausbalanciert, können Informationen und Botschaften, jenseits der fünf Sinne wahrgenommen werden.

Der *Kausalkörper* besitzt von allen feinstofflichen Körpern die höchste Schwingungsfrequenz. Er ist in ständiger Verbindung mit dem Göttlichen in uns, mit der Existenz und dem Ewigen. Der Kausalkörper, auch *spiritueller* Körper genannt, schöpft seine Energien aus den höheren Schwingungsfrequenzen wie Licht, Liebe und reinem Sein. Auf der Kausalebene können alle noch ungelösten Prinzipien dauerhaft verwandelt werden.

Prana – eine belebende und reine Energie

Prana ist Lebenskraft

Über die *feinstofflichen Energiekanäle,* die sogenannten *Nadis,* wird die Energie *(Prana)* auf das gesamte Energiesystem und die Energiekörper verteilt. Prana ist Lebenskraft und Vitalenergie (= kosmische Energie). Es ist in allem, was lebt. Prana ist in der Luft, in der Nahrung, im Wasser und im Sonnenlicht gespeichert. Prana belebt die Materie. Es ist der »Stoff«, der die Schwingungszahl der Chakren und die der Energiekörper erhöht. Prana ist Ursubstanz, aber nicht identisch mit Sauerstoff.

Prana breitet sich im gesamten Energiesystem aus. Die Nadis sind die Voraussetzung dafür, daß ein lebhafter Energieaustausch zwischen den Chakren und dem Äther-, Astral-, Mental- und Kausalkörper möglich ist. In alten tibetanischen Schriften werden bis zu 72.000 Energiekanäle erwähnt.

Die sieben Chakren (Energiezentren)

Chakren sind Energie- und Bewußtseinszentren im feinstofflichen Ätherkörper. Sie sind die Hauptzentren der menschlichen Vitalenergie.

Das Wort *Chakra* ist Sanskrit und bedeutet soviel wie Wirbel oder Rad. Chakren befinden sich in einer ständigen kreisenden Bewegung.

Chakren sind im Bereich der Wirbelsäule auf eine sehr komplexe Weise miteinander verbunden. Ihr harmonisches Zusammenwirken ist verantwortlich für die organische und psychische Gesundheit, aber auch für das geistige und spirituelle Wachstum eines Menschen.

Bei einem durchschnittlich entwickelten Menschen zeigen sie sich als kleine, dreidimensionale Kreise von etwa 6–10 cm Durchmesser an der Oberfläche des Ätherkörpers. Alle, bis auf das siebte Chakra, entsprechen im physischen Körper den Nervensträngen entlang der Wirbelsäule. Ohne Energiezentren könnte der physische Körper nicht existieren.

Chakren: »Tor zur Existenz«

Chakren sind trichterförmige Öffnungen, Empfangsstationen, Verteiler und Kraftzentren, die die Vitalenergie (kosmische Energie) aufnehmen und transformieren, damit sie in den feinstofflichen Körper und in die physischen Körperorgane fließen können.

Jedes Zentrum besitzt eine eigene Energiequalität und Schwingungszahl. Die Höhe der Schwingungsfrequenz spiegelt unsere Gedanken- und Gefühlswelt. Ferner zeigt sie den Grad unserer Bewußtseinsentwicklung an und bestimmt die Energiequalität, die von den Chakren aufgenommen und transformiert werden kann.

Jeder kann seine Energiezentren harmonisieren

Wir wissen, daß unsere Lebensenergien in einem direkten Zusammenhang mit den umliegenden Körperregionen, mit unserem Verhalten und mit der geistigen Entwicklung stehen. Obwohl es bisher nur den *Sehern* und *Sensitiven* möglich ist, Energiezentren wahrzunehmen, können sie von allen mit einer einfachen und doch sehr wirkungsvollen Atemtechnik aktiviert und harmonisiert werden. Und Sie werden bemerken, wie sich Ihre Sensibilität und Empfindungsfähigkeit dadurch erhöht.

Führen wir den Chakren regelmäßig und bewußt Atem-Energie zu, erstrahlen sie in einem hellen und pulsierenden Licht. Dabei werden auch die umliegenden körperlichen Organe und Zellen mit einer großen Energiemenge versorgt und harmonisiert.

Die Energie erhöhen und Krankheiten verringern

Je höher die Schwingungsfrequenz, um so leichter können körperliche und seelische Störungen vermieden werden. Ängste, negative Gedanken und Kräfte finden in einem energie- und lichtdurchfluteten Menschen keinen Nährboden.

Die Prana-Energie, die während der Atemübung frei wird, hat einen erheblichen Einfluß auf unsere geistige und körperliche Gesundheit. Freifließende Energien lassen uns Situationen anders erleben, und sie heben uns auf eine höhere Stufe des Menschseins.

In der grundsätzlichen Unterteilung der sieben Chakren können wir sagen, daß die beiden unteren Energiezentren für die Körperkräfte verantwortlich sind. Die drei mittleren Zentren sind zuständig für die Persönlichkeitsentwicklung und die seelische Stabilität eines Menschen. Stirn- und Scheitelzentrum wirken auf die Geisteshaltung und Entwicklung, die Reinheit der Gedanken und das Bewußtsein der universellen Liebe.

Das Wurzel-Chakra ist der Gegenpol zum Scheitel-Chakra. Es ist der Erde zugewandt. Das Milz-Chakra, das Sonnengeflecht, Herz-, Hals- und Stirnzentrum sind nach vorne gerichtet. Das Scheitel-Chakra ist gemäß seiner Bestimmung nach oben geöffnet.

In jedem menschlichen Entwicklungsstadium sind die sieben Chakren von Bedeutung. Je mehr sich ein Mensch entwickelt, desto mehr öffnen und entfalten sich analog dazu die entsprechenden Chakren.

Mut, sich selbst aus neuer Sicht zu sehen

Ein Buch hat naturgegebene Grenzen und kann nicht alle Fragen, speziell bei einem so komplexen Thema, wie das beim menschlichen Energiesystem der Fall ist, beantworten. So werden für Sie nicht alle nachfolgenden Erklärungen und Deutungen im Detail zutreffen. Sie können aber für ein neues Sehen und Hinschauen dienen und helfen, Krankheit aus anderer (energetischer) Sicht zu betrachten. Wenn die nachfolgenden Beschreibungen zutreffen, so können sie betroffen machen. Selbsterkenntnis – auch der Schattenbereich möchte integriert sein – ist nicht immer angenehm. (In besonders extremen Lernphasen rate ich, alle therapeutischen Möglichkeiten auszuschöpfen. Sowohl die körperorientierten Maßnahmen als auch das Gespräch können einander sinnvoll ergänzen.)

Die häufigsten geistig-körperlichen Symptome bei einem verminderten Energieniveau in den sieben Chakren

Chakra 1

Wurzel-Chakra

Sitz: Damm/Steißbein
Element: Erde
Farbe: dunkelrot
Entsprechende Drüsen: Nebennieren

Blockierter Energiezustand

Geistige Ebene:
Fehlendes Lebensvertrauen und Durchsetzungsvermögen, allgemeine Orientierungsschwierigkeiten, häufig auftretende Gefühle der Unsicherheit, unerklärliche vage Ängstlichkeit, ständiges sich sorgen; mangelndes Realitätsbewußtsein, fehlende Erdverbundenheit, Existenz- und Überlebensängste, geistige Unbeweglichkeit.

Körperliche Ebene:
Allgemein schwache Konstitution, Beschwerden in den Beinen (z. B. Venenerkrankungen), Haltungsprobleme (Wirbelsäule); Schwierigkeiten mit den Zähnen und dem Zahnfleisch, den Knochen und Gelenken; gehemmter Blut- und Zellaufbau, häufige Verletzungen.

Aktivierter Energiezustand

Wachheit und Klarheit im täglichen Leben, Tatkraft und Beständigkeit, man steht mit beiden Beinen im Leben, starke körperliche und seelische Widerstandskraft, ausgeprägtes Körper- und Selbstbewußtsein, Verbundenheit mit der Erde und mit der Natur, Freude am Leben, Zufriedenheit und innere Ruhe.

Chakra 2

Nabel-Chakra

Sitz: Steißbeinwirbel, 3–5 cm unter dem Nabel
Element: Wasser
Farbe: orange
Entsprechende Drüsen: Keimdrüsen

Blockierter Zustand

Geistige Ebene:
Von ständigen Zweifeln geplagt, Interesselosigkeit, Unentschlossenheit und Lethargie im Alltag, Depressionen, Lebensunlust, Festhalten am Vergangenen, materiell orientiert, körperliche und sexuelle Befangenheit, Probleme im sexuellen Ausdruck.

Körperliche Ebene:
Flache und unregelmäßige Atmung, häufige Kraftlosigkeit, Übersensibilität und chronische Störungen im zentralen Nervensystem, Nervosität, Krankheitssymptome in der Galle und der Leber, Beschwerden im unteren Rückenbereich, Verstopfung, Migräne, Probleme mit der sexuellen Kraft.

Aktivierter Energiezustand

Vitalität und sexuelle Kraft, ausgewogenes Sexualleben, körperliche Ausgeglichenheit, tiefe Gefühle der Verbundenheit und Sicherheit mit sich und anderen, Gefühlsreichtum und ein ausgeprägtes Einfühlungsvermögen, Tatendrang, Freude an Berührungen und Zärtlichkeiten; Ruhe, Nervenkraft und ein sonniges Gemüt; Harmonisierung von Galle und Leber, ausgewogene Körpertemperatur.

Chakra 3

Sonnengeflecht

Sitz: Solarplexus, 3. Lendenwirbel
Element: Feuer
Farbe: gelb und gold
Entsprechende Drüse: Bauchspeicheldrüse

Blockierter Energiezustand

Geistige Ebene:
Das Gefühl, sich schützen zu müssen, fehlendes Geborgenheitsgefühl, man weiß oft nichts mit sich anzufangen, verdrängte und unausgesprochene Gefühle, unerklärliche Traurigkeit, Lebensunlust und Apathie, mangelnde Hingabefähigkeit, Sehnsucht nach einer konfliktfreien Umgebung, übersteigertes Machtstreben, Ichbezogenheit, unverfeinerte und grobe Emotionen.

Körperliche Ebene:
Starrheit, Unbeweglichkeit und Muskelverspannungen, Magen- und Verdauungsstörungen, Probleme im mittleren Rückenbereich.

Aktivierter Energiezustand

Gefühl von Wohlbehagen, aktives Handeln, Entschlossenheit, Vertrauen in Veränderungen, man fühlt sich in seiner Mitte; Bereitschaft, körperliche und geistige Grenzen zu überwinden, gute Konfliktbewältigung, in Kontakt mit seinen Gefühlen, Zufriedenheit und Vertrauen, Selbstakzeptanz, Gefühle von Leichtigkeit, Helligkeit und Fülle, gut funktionierendes Verdauungssystem.

Chakra 4

Herz-Chakra

Sitz: 5. Rückenwirbel
Element: Luft
Farbe: hellrot
Entsprechende Drüse: Thymusdrüse

Blockierter Energiezustand

Geistige Ebene:
Fehlender Kontakt zu seinen ureigensten und wahren Gefühlen, verschlossenes Herz, Beziehungsprobleme und Kontaktarmut; Schwierigkeiten, Liebe und Zuneigung anzunehmen; Verlust des »normalen« Lebensrhythmus, starke Disharmonie von Verstand und Gefühl, man fühlt sich überschwemmt von negativen Gedanken, fehlende Herzlichkeit und Lebensfreude.

Körperliche Ebene:
Hängende Schultern, häufig flacher Brustkorb (der bekannte »Eisengürtel« um die Brust), allgemeine Atemstörungen, Lungen- und Hauterkrankungen, nervöse Herzbeschwerden.

Aktivierter Energiezustand

Sicherheit im Umgang mit anderen Menschen, ausgeprägte Sensibilität und ein hohes Einfühlungsvermögen, Offenheit, Vertrauen und Liebe für sich und andere, Großzügigkeit und Hilfsbereitschaft, hohe Flexibilität und Anpassungsfähigkeit, körperliche Ausgeglichenheit und Gesundheit, ein natürlicher und lebendiger Lebensrhythmus, Mitgefühl (nicht Mitleid), Optimismus, Fröhlichkeit und Herzlichkeit, innere Ruhe und Harmonie, gut funktionierendes Blut- und Kreislaufsystem.

Chakra 5

Kehlkopf-Chakra

Sitz: 1. Halswirbel
Element: Äther
Farbe: hellblau
Entsprechende Drüse: Schilddrüse

Blockierter Energiezustand

Geistige Ebene:
Sprach- und Kommunikationsschwierigkeiten (z. B. Stottern), Stimmprobleme, einseitig im kreativen Ausdruck, fehlendes kreatives Selbstvertrauen, fehlende Tatkraft, man möchte die Verantwortung abgeben und Kind bleiben, starke Sehnsucht nach Geborgenheit und Halt, Angst vor Veränderungen, Gefühle der Überlastung, »Starrhalsigkeit«, zurückgezogene Lebensweise, Selbstablehnung und Lebensverneinung.

Körperliche Ebene:
Erschöpfungszustände, Verdauungs- und Gewichtsprobleme, häufig Schnupfen, Halsschmerzen und Infektionen; Muskelverspannungen im Bereich des Nackens, des Hinterkopfes und des oberen Schulterbereiches; manchmal Steifheit und Unbeweglichkeit an Armen und Händen.

Aktivierter Energiezustand

Hohes Verantwortungsbewußtsein, Kreativität, Ideenreichtum, gute Kommunikations- und Ausdrucksfähigkeit, Freude am Geben, Wohlstandsbewußtsein, Freiheit und Unabhängigkeit, man fließt mit dem Leben, ausgeprägte Persönlichkeitsstruktur, das Gefühl, akzeptiert zu werden, starkes Immunsystem.

Chakra 6

Stirn-Chakra

Sitz: Drittes Auge
Element: Licht
Farbe: violett und lila
Entsprechende Drüse: Hypophyse

Blockierter Energiezustand

Geistige Ebene:
Konzentrations- und Identitätsprobleme, Angst vor Kritik und Beurteilung, starkes Kontrollverhalten, Verneinung der Realität, kreisende Gedanken und innere Dialoge, Vergeßlichkeit; ständig das Gefühl, Leistung erbringen zu müssen; wenig Vertrauen in die eigenen Gefühle und Wahrnehmungen.

Körperliche Ebene:
Unausgewogenheit aller paarig vorhandenen Körperteile und Organe, Kopfschmerzen, Probleme mit den Augen, Sehstörungen, kurz- oder weitsichtig.

Aktivierter Energiezustand

Ausgewogenheit aller paarig vorhandenen Organe; das Gefühl, in der Mitte zu sein; die Akzeptanz beider Pole, Ausgewogenheit der weiblichen und männlichen Seite, gute Seelenverbindung, gutes Selbstverständnis, Selbsterkenntnis, Begabung für intuitives Sehen, Kontakt mit dem inneren Ratgeber, Offenheit für spirituelle Erfahrungen, starke Geistes- und Willenskräfte.

Chakra 7

Kronen-Chakra

Sitz: Scheitel
Farbe: weiß, violett und gold
Entsprechende Drüse: Zirbeldrüse

Blockierter Energiezustand

Geistige Ebene:
Fehlendes Einheitsgefühl, mangelndes Urvertrauen, ausgeprägte Ich-Grenze, Vertrauen ausschließlich in die rationalen und analytischen Ebenen, ständig im aktiven Tun, fehlendes Vertrauen in die eigenen intuitiven Kräfte, intellektuelle Abgrenzung für universelle Energien und Kräfte.

Körperliche Ebene:
Probleme in den Genitalorganen, Nebennieren, in Schilddrüse und Nebenschilddrüsen; allgemeine Muskelfunktionsstörungen.

Aktivierter Energiezustand

Kosmische Einheitserfahrungen, Verbundenheit mit dem Sichtbaren und dem Unsichtbaren, reines Bewußtsein, ausgeprägter »Wachzustand«, starke Gefühle von Ganzheit und Einheit, tiefe Heilungsprozesse und Neustrukturierung in Körper und Geist möglich, Erlebnisse außerhalb von Raum und Zeit, Kontakt mit der eigenen Seele, »Satori-« und Erleuchtungserfahrungen.

Ziel der Chakra-Atemübungen:

Belebung der Energiezentren und Körperenergien, Anhebung der Energie in den gewünschten Schwingungszustand, Befreiung und Auflösung von Verkrampfungen und energetischen Blockaden, Beruhigung und Klärung des Geistes, körperliche und geistige Reinigung, mehr innere Ruhe und Gelassenheit im Alltag, mehr Wachheit und Bewußtheit für die Hier-und-jetzt-Empfindungen, das Wiederfinden der eigenen Mitte, Harmonisierung des gesamten Nervensystems und der wichtigsten innersekretorischen Drüsen.

Die Atmung

ist eine unaufhörlich fließende und rhythmische Bewegung. Alles verändert sich ständig, aber der Atem ist der treuste Begleiter – ein Leben lang.

Die Atmung ist die Brücke zwischen Körper und Seele

Der Atem ist die wichtigste Brükke zwischen dem Körper und der Seele. In den alten Sprachen finden wir das Wort *Atman,* was soviel bedeutet wie Seele und Atem. Das lateinische Wort für Geist heißt übersetzt *spiritus,* atmen heißt *spirare* – im gleichen Wortstamm finden wir *Inspiration* (Einhauchen). Im Griechischen heißt Psyche sowohl Hauch als auch Seele. Die Inder sprechen von Prana, der universellen Lebenskraft.

In unserer Sprache zeigt sich ein weiterer Hinweis auf die Bedeutung des Atems. Da *»bleibt jemandem die Luft weg«,* oder *»es verschlägt einem den Atem«,* oder *»einen langen Atem haben«.*

Ruhiger Atem – ruhiger Geist – ruhiger Mensch

Wir alle wissen, daß ein nervöser Mensch anders atmet als ein ruhiger. Die meisten Menschen atmen zu flach und unregelmäßig; dadurch ist der Atemfluß gestört. Kinder atmen in der Regel noch natürlich und richtig. Ihr Atem fließt leicht und tief – also in seinem naturgegebenen Rhythmus.

Heilatmen in vergangenen Hochkulturen

Schon in den alten Hochkulturen der Inkas, der Tibetaner, Ägypter und Griechen wurden Atempraktiken gelehrt. Die Priester, Yogis und spirituellen Heiler wußten von den Wirkungen des Atems und setzten diese Kräfte zu Heilzwecken und für Bewußtwerdungsprozesse ein.

Das Zwerchfell ist der Sitz der Seele

Die alten Griechen vermuteten schon damals den Sitz der Seele im Zwerchfell. Das Zwerchfell befindet sich in der Körpermitte und verbindet den Oberkörper mit dem Unterleib. Die beiden Lungen verbinden die linke (weiblich/Ying) und die rechte (männlich/Yang) Körperhälfte.

Viele Religionsgründer und Mystiker haben sich mit dem Atem beschäftigt. Sie wußten, daß *Atemerfahrung* gleich *sich selbst erfahren,* gleich *kosmische Erfahrung* bedeutet.

Meister weisen den Weg

In den Schriftrollen der Essener, die erst vor einigen Jahrzehnten am Toten Meer gefunden wurden, spricht Jesus über den Atem. Er sagt: »*Wir verehren den Heiligen Atem, der höher ist als alle erschaffenen Dinge. Denn siehe, der ewige, höchste Lichtraum, wo die unzähligen Sterne regieren, ist die Luft, die wir einatmen, und die Luft, die wir ausatmen. Und in den Augenblicken zwischen dem Einatmen und dem Ausatmen liegen alle Mysterien des unendlichen Gartens verborgen. Engel der Luft, Heiliger Bote der Erdenmutter, dringe tief in mich ein, wie die Schwalbe vom Himmel herabstürzt, damit ich das Geheimnis des Windes erfahre und die Musik der Sterne.*«

Der indische Meditationslehrer Maharishi lehrt: »*Durch Atembeherrschung erreichen wir Gedankenbeherrschung, durch Gedankenbeherrschung treten wir in den ursprünglichen, paradiesischen Zustand ein.*«

Buddha fand mit einer Atemtechnik zur Erleuchtung, also zum höchsten Bewußtseinszustand. Die nordamerikanischen Indianer und die Sufis benutzen auch heute noch Atemtechniken für Einweihungs- und Initiationsrituale.

Atemmuster ist gleich Lebensmuster

Unsere »normale« Atmung (Geschwindigkeit, Rhythmus und Tiefe) gibt Aufschluß über den momentanen geistigen und körperlichen Zustand. Der Atem spiegelt auch unser Grundverhältnis zum Leben wider. Immer wieder sind Menschen nach ihrer ersten Atem-Diagnose-Sitzung erstaunt, wie zutreffend meine Erklärung über ihre grundlegende Lebenshaltung ist. Der Atem lügt nicht. In enger Verbindung mit dem vegetativen Nervensystem reagiert er wie ein Seismograph auf jede Veränderung in unserem Leben und schafft dementsprechend ein *Atemmuster. Atemmuster* ist gleich *Lebensmuster.*

Immer mehr Menschen sind sich bewußt, daß eine starke Wechselwirkung zwischen Körper, Seele, Geist und dem Atem besteht.

Hoher Sauerstoffgehalt im Blut gibt Sicherheit und Vertrauen

So konnte zum Beispiel beobachtet werden, daß Menschen, die oberflächlich und flach atmen, ihrem Körper chronisch Sauerstoff vorenthalten. Der Mangel an Sauerstoff bewirkt ein ständiges leichtes Unsicherheitsgefühl. Ein Gefühl, nicht mehr weiterleben zu können. Tiefes Atmen bewirkt eine Erhöhung des Sauerstoffgehalts im Blut und läßt dadurch weniger Angstgefühle aufkommen. Ein kompliziertes *Biofeedback-System* (feedback = Rückkoppelung) meldet dem Gehirn, wenn der gesamte Organismus ausreichend mit Sauerstoff versorgt ist. Die Angst, nicht überleben zu können, verschwindet. Wir wissen, daß 3x7 tiefe Atemzüge genügen, um bis zu 8 Millionen Körperzellen mit dem notwendigen Sauerstoff zu versorgen.

Öfter mal »durchatmen«

Bewußtes Atmen schafft klare Gedanken und macht den Kopf frei. Es macht uns frischer und kann in Streßsituationen, indem wir *durchatmen* und *aufatmen,* Erleichterung schenken – manchmal sogar »erleuchtende« Einsichten.

Bewußtes Atmen und ganzheitliche Therapie miteinander kombinieren

Es ist deshalb nicht verwunderlich, daß vergessene Atemtraditionen und Übungen in unsere Kultur zurückkehren. Der westliche Mensch entdeckt wieder die erfrischenden und heilenden Kräfte des Atmens. Vor allem in der ganzheitlichen Therapie werden, zu der möglicherweise notwendigen medikamentösen Therapie, Atembehandlungen und Atemübungen empfohlen und verordnet.

Ungewohnte Gedanken, Gefühle und Empfindungen während der Atemübungen

Wer seine Aufmerksamkeit zum ersten Mal bewußt auf Atem und Körper lenkt, also nach innen hört, wird erstaunt sein, wie viele Gedanken und Dinge ihm in den Sinn kommen.

In die Stille finden

Unzählige Gedanken purzeln durch den Kopf, wenn wir uns von den äußeren Eindrücken langsam lösen und die Aufmerksamkeit nach innen lenken. Wir müssen warten, bis Ruhe und Stille einkehren. Denn je mehr wir Tageseindrücke, Bilder und Körperempfindungen wegschieben wollen, desto nachhaltiger drängen sie in unser Bewußtsein.

Sich Zeit lassen

Das wußte schon der erfahrene japanische Abt und Meditationslehrer Shindai Sekiguschi: »Man wird feststellen, daß es einige Zeit dauert, bis man fähig ist, zehn Atemzüge zu machen, ohne irgend etwas zu denken. Ich habe an die drei Jahre dazu gebraucht. Beim Üben drängen sich einem alle möglichen Gedanken auf, angenehme und unangenehme Erinnerungen – Dinge, die man anderen weder schriftlich noch mündlich mitteilen könnte. Peinliche oder beschämende Vorstellungen durchziehen das Gehirn.«

Schließlich kommt Sekiguschi zu der Feststellung: »Der Strom der Gedanken, der auf uns im Zustand der Entspannung eindringt, kann jedoch eingedämmt werden, wenn man nicht zu heftig dagegen ankämpft.«

Wer bei Atem- und Entspannungsübungen sehr leistungsorientiert ist und die Ergebnisse rasch herbeiführen will, verhindert allzuoft das Gewünschte. Geduld und die Achtsamkeit für den nächsten Augenblick machen den Kopf frei für den Blick nach innen. Erst in einem entspannten und ruhigen Zustand können wir fühlen und spüren, was wichtig ist.

Indem wir bewußt mit dem Atem »mitgehen«, kann er unser Lehrer sein. Er belehrt uns über die Gesetze der beiden Pole von *Geben* und *Nehmen.* Außerdem lenkt er unsere Aufmerksamkeit auf mögliche körperlich-geistige und energetische Blockaden. Die Bereitschaft, sich dem Atem zu öffnen und sich von ihm führen zu lassen, schenkt uns ein größeres Selbstverständnis.

Vor allem bei Energieerhöhungen werden frühere Bilder und Erinnerungen, die in der Vergangenheit im Unterbewußtsein aufgezeichnet wurden, auf der körperlichen und auf der Gefühlsebene spürbar. Schon nach den ersten Atemminuten können sich völlig harmlose Empfindungen zeigen; z. B. ein leichtes Kribbeln an Händen, Füßen, Lippen oder/und an jenen Stellen, die nicht ganz gesund, d. h. nicht in Ordnung sind. Bei Organen, die häufig mit Sauerstoff bzw. Energie unterversorgt sind, ist ein anfängliches leichtes Wärme- oder Druckgefühl zu beobachten. Dies braucht Sie nicht zu beunruhigen. Bei Schwindelgefühlen verlangsamen Sie Ihre Atemgeschwindigkeit; Sie reduzieren damit die Menge der Atemluft. Schon nach wenigen Minuten werden sich dann diese ungewohnten Empfindungen auflösen.

Körperliche Verspannungen und die wenig wahrgenommenen Krankheitssignale sind in diesem Zusammenhang als Informationsträger zu verstehen, mit denen das Symptom Aufmerksamkeit sucht und ins Bewußtsein drängt. Verdrängen Sie es nicht. Nehmen Sie es an. Es ist ein bisher abgelehntes und ungelebtes Lebensprinzip. Notwendige Lern- und Entwicklungsschritte sind angesagt.

In jeder Situation Beobachter bleiben

Bleiben Sie in jeder Phase Beobachter, und bewerten und beurteilen Sie das, was sich zeigt, nicht. In der Regel führt Chakra-Atmen ins Hier und Jetzt, in die Freude, Ruhe und Meditation. Sollten Sie sich mit diesen Übungen unsicher fühlen, nehmen Sie sich mehr Zeit, um sich an diese Energieerhöhung zu gewöhnen. Oder noch besser: Suchen Sie sich einen *Begleiter* (Atemlehrer oder Atemlehrerin). Sie sind in der Regel mit Chakra-Atmen vertraut.

Geduldiges und verantwortungsvolles Üben

Achtsam sein

Wer mit seinen Energiezentren arbeitet, erhöht gleichzeitig seine Sensibilität und öffnet sich für neue Energien. Wenn wir uns öffnen, sind wir verletzbarer. Wir spüren jene Dinge, an denen andere achtlos vorübergehen. Damit wir uns selbst (indem wir in einem geöffneten Zustand negative Schwingungen aufnehmen) und anderen (indem wir unreine Energie an andere abgeben) nicht schaden, ist ein verantwortungsvoller und bewußter Umgang mit höheren Energien und der Atemenergie nötig.

Sein Tun ständig überprüfen und eventuell korrigieren

Auf der Suche nach Wahrheit und Selbstverwirklichung gibt es viele Gefahren, z. B. Machtmißbrauch, Beeinflussung und Täuschung aus materiellen Motiven. Auf dem Weg nach Innen und zum Wesentlichen müssen wir unser Tun und unsere Handlungen ständig überprüfen. Und außerdem wieder lernen, den *eigenen* Empfindungen und Wahrnehmungen zu vertrauen.

Bei den Chakra-Atemübungen sollten Sie drei Grundregeln beachten:

Sich Zeit lassen!

1. Die Energienzentren nicht gewaltsam und zu schnell öffnen wollen. Aktivierung und Harmonisierung der Chakren ist vielmehr ein Erspüren, Lösen und Befreien der Lebensenergien. Die Öffnung der Chakren und die geistige Entwicklung sollten idealerweise parallel verlaufen. Der Atem und die Visualisierungstechnik dienen somit als Impulsgeber, um den Aktivierungsprozeß in Gang zu bringen. Die Öffnung der Chakren geschieht dann, wenn die Zeit dafür reif ist.

Die Liebe nicht vergessen!

2. Es ist nicht ratsam, höhere Chakren getrennt von den niederen zu aktivieren. Denn wir sollten uns immer erinnern, daß das Herz-Chakra – die Liebe – das Tor zur Seele ist. Wenn die Liebe erste Priorität in unserer Entwicklung hat, kann das Stirnchakra mit seinen Willens- und Geisteskräften nicht als Machtinstrument mißbraucht werden.

Die Herzenskräfte suchen!

Deshalb müssen alle Chakren in den Harmonisierungsprozeß miteinbezogen werden, damit wir mit allen ungelösten Konflikten in Kontakt kommen können. Erst wenn wir mit uns selbst ins reine gekommen sind und immer wieder Kontakt zu den Herzenskräften suchen, kann eine dauerhaftere Verbindung mit der Seele realisiert werden. Dann können wir aus der *Quelle* leben.

3. Damit nach dem Beatmungsprozeß und der Öffnung keine negativen Energien aufgenommen werden, schließen Sie jedesmal gedanklich die Energiezentren.

Allgemeine und sinnvolle Regeln in der Atempraxis

Die innere Grundhaltung erforschen

• Nehmen Sie sich Zeit. Probieren Sie so lange, bis Sie die richtige Sitzposition gefunden haben.

• Bevor Sie mit der Atemübung beginnen, finden Sie Ihre meditative Grundhaltung. Machen Sie sich Ihren momentanen Zustand bewußt, und nehmen Sie ihn an. Wenn Sie unruhig und verspannt sind, dann sagen Sie sich: »Ich bin jetzt unruhig und verspannt.« Bewerten Sie diesen Zustand nicht, sondern akzeptieren Sie ihn so, wie er ist. Mit dieser inneren Haltung kommen Sie in den meditativen Zustand.

Nichts erzwingen!

• Atmen Sie sanft, behutsam, gleichmäßig und bewußt. Erzwingen Sie nichts! Seien Sie geduldig mit sich!

• Keine Atemübungen kurz nach dem Essen. Die Zeit zwischen Essen und Übung sollte mindestens eine Stunde betragen.

• Wählen Sie einen Raum, der Ihnen vertraut ist, in dem Sie ungestört sind.

• Richten Sie es sich so ein, daß Sie genügend Zeit für die Atemübung haben.

• Üben/atmen Sie zu ganz bestimmten Zeiten; dadurch lassen sich die Übungen leichter in den gewohnten Tagesablauf integrieren.

• Tragen Sie lockere, bequeme Kleidung.

Freiräume schaffen

• Legen Sie Schmuck und alle Metallgegenstände ab.

• Der Übungsraum sollte gut durchlüftet sein.

Sich nicht zuviel zumuten!

• Sollten starkte Schwindelgefühle auftreten, dann beenden Sie die Übung. Legen Sie sich auf den Rücken, atmen Sie normal weiter, und entspannen Sie sich.

• Bei Herz- und Kreislaufproblemen befragen Sie bitte Ihren Arzt, ob die angebotenen Atemübungen unbedenklich sind.

Visualisieren

Visualisieren ist die Fähigkeit, in der Phantasie eine Idee oder ein Bild geistig entstehen zu lassen.

Mit der inneren Bejahung und Zustimmung können sich unsere geistigen Bilder und Vorstellungen verwirklichen. Dies wußte schon der Grieche Aristoteles, als er sagte: *»Ich verstehe unter Geist die Kraft der Seele, welche denkt und Vorstellungen bildet.«*

Die Vorstellungskraft wieder aktivieren lernen

Visualisieren ist eine naturgegebene Fähigkeit jedes Menschen und kann von jedem praktiziert werden, obwohl die Phantasie, das freie schöpferische Spiel des Geistes, durch Fernsehen, Video und Kino verdrängt wurde. Wir bekommen die Bilder fertig vorgesetzt. Die Vorstellungskraft ist dadurch verkümmert. Dennoch können wir das kreative Phantasiepotential mit Lesen von phantasievollen Geschichten und der folgenden Übung wieder aktivieren.

Bewußter wahrnehmen und sich erinnern

Wir denken überwiegend in Bildern, nicht in Worten. Deshalb nehmen Sie einen einfachen Gegenstand, einen Stein oder eine Blume, und prägen sich ihn ein. Anschließend legen Sie den betrachteten Gegenstand zur Seite, schließen Ihre Augen und lassen ihn in der Phantasie wieder »lebendig« werden. Je länger Sie die Wahrnehmungs- und Vorstellungsübungen praktizieren, desto besser werden Sie mit Ihren Energiezentren arbeiten können. Denn bevor Sie mit dem Atemprozeß beginnen, lenken Sie Ihre Aufmerksamkeit auf das entsprechende Chakra.

Die Chakren öffnen lernen

Stellen sie sich vor, wie sich das jeweilige Energiezentrum öffnet. Indem Sie dies tun, leiten Sie mit Ihrer Vorstellungskraft den Aktivierungs- und Reharmonisierungsprozeß ein.

Anschließend atmen Sie in das Energiezentrum. Dabei lassen Sie in Ihrer Phantasie den Durchmesser der Chakren größer werden. Stellen Sie sich vor, wie die Chakren kräftiger pulsieren, kreisen, fließen und die jeweiligen Grundfarben der Zentren heller erstrahlen.

Die Übungspositionen

Der Fersen- oder Schneidersitz sind die klassischen Positionen für das *Chakra-Atmen.* (Mit einer Ausnahme – siehe Bild.)

Alternativen anwenden

Sollten Sie jedoch Probleme mit dem Rücken oder den Beinen haben, benutzen Sie einen Stuhl mit einer geraden Rückenlehne; dies verspricht genausoviel Erfolg. Legen Sie Ihre Hände (Handrücken) entspannt auf die Oberschenkel. Die Fußsohlen haben, wenn Sie einen Stuhl benutzen, vollen Kontakt mit dem Boden.

Sollten Sie sich, was immer auch Ihre Gründe sind, nur im Liegen (Rückenlage) entspannen können, dann machen Sie es sich in der Liegeposition bequem. Dies gilt natürlich nur für die Chakra-Atemübung 1.

Schließen Sie die Augen, bevor Sie mit der Übung beginnen, und lassen Sie sie während des ganzen Atemprozesses geschlossen. Mit geschlossenen Augen können wir unsere innere Bewegungswelt – eine Welt der Gefühle und Empfindungen – leichter wahrnehmen. Unsere Augen sind ständig, wie Nomaden, auf Wanderschaft, deshalb üben Sie mit geschlossenen Augen; auch dann, wenn es ungewohnt ist.

»Anfänger«-Übungsplan für die ersten drei Wochen

Ich möchte Sie, sofern Sie noch nicht mit Ihrem Atem gearbeitet haben, zu folgendem Übungsplan einladen:

1. bis 3. Tag
Einüben der inneren Achtsamkeit und Beobachtung des Atems. Beobachten Sie mehrmals am Tag für etwa 10 Minuten Ihren Atem. Beobachten heißt, nicht in das Atemgeschehen eingreifen. Beobachten bedeutet, ohne Urteil und Bewertung zu akzeptieren, was sich zeigt.

4. bis 7. Tag
Aktives Atmen und Visualisieren.
In der Rückenlage atmen Sie mehrmals täglich 30mal tief und langsam ein und aus. Schenken sie dabei dem Ausatmen Ihre besondere Aufmerksamkeit. In der Vorstellungsübung, wie schon erläutert, trainieren Sie Ihre Phantasie und Vorstellungskraft.

8. bis 14. Tag
Beginnen Sie mit der Chakra-Atemübung Nr. 1.
Üben Sie eine Woche oder so lange, bis Sie sich mit der vermehrten Atemenergie völlig sicher und gut fühlen. Üben Sie nur einmal am Tag. Versuchen Sie auch die kleinsten Veränderungen im Körper und Geist wahrzunehmen.
Machen Sie sich allmählich mit der Chakra-Atemübung Nr. 2 vertraut.

15. bis 21. Tag
Üben Sie täglich beide Chakra-Atemübungen.

Nach dem 21. Tag, so hat die Erfahrung gezeigt, genügt es, zwei- oder dreimal in der Woche die Atemübungen durchzuführen.

Übungszeiten für Fortgeschrittene

Übung macht den Meister!

Üben Sie im Idealfall zwei- oder dreimal in der Woche; morgens nach dem Erwachen und am späten Nachmittag. Üben Sie nicht unmittelbar vor dem Zubettgehen. Freiwerdende Energien stimulieren das Nervensystem und bewirken eine mögliche, für die Schlafenszeit unerwünschte Wachheit.

Ich möchte Sie jetzt mit den zwei Chakra-Übungen bekannt und vertraut machen. Die Übung am Morgen, wie schon erwähnt, aktiviert die Energiezentren, die am späten Nachmittag dagegen zeigt eine harmonisierende Wirkung.

Chakra-Atemübung 1

Aktivierung und *Harmonisierung*
der feinstofflichen Energiezentren
am späten Nachmittag

Die Chakra-Atemübung 1 ist, im Gegensatz zur Chakra-Atemübung 2, in ihrer Wirkung sanfter und entspannender.

Seiner Intuition vertrauen

Dauer der Atemübung:
Wenn Sie regelmäßig üben, dauert es *drei bis fünf* Minuten, bis ein Energiezentrum *aktiviert* und *gereinigt* ist. Sie werden intuitiv erkennen und spüren, ob sich ein Chakra *aufgeladen* hat.

Ungewohnte Empfindungen annehmen

Während des Atemprozesses können sich wahrnehmbare körperliche Veränderungen zeigen. Lassen Sie die Energie frei fließen – auch dann, wenn die dabei auftretenden Gefühle ungewohnt sind. Diese Empfindungen sollten voll und ganz zur Wirkung kommen dürfen. Egal, wo der Atem Sie auch hinträgt, es ist genau der richtige Ort, der richtige Zeitpunkt, dem, was sich zeigen möchte, zu begegnen.

Vertrauen Sie sich dem *inneren Fließen,* dieser *heilendenKraft* an.

Den Atem immer wieder überprüfen

Denken Sie daran: Wenn Sie sich wohl fühlen und Ihnen die Atemübungen leicht fallen, dann atmen Sie richtig. Dies bedeutet, daß Sie die Art und Weise, wie Sie atmen, ständig überprüfen und gegebenenfalls korrigieren sollten. Grundsätzlich gibt es kein *richtig* oder *falsch.* Wie bei einem Thermometer zeigt der Atem nur Ihr Energieniveau bzw. Ihre Atembewußtheit an.

Atemrhythmus:
Atmen Sie im Vierer-Rhythmus; drei kürzere und einen längeren Atemzug.

Das Chakra-Atmen ist ein sanftes und harmonisches Geschehen. Zwischen den Atemzügen entsteht *keine* Atempause.

Durch die Nase atmen

Atmen Sie durch die Nase. Dabei wird die Luft gefiltert (sie wird von Staubpartikeln gereinigt), erwärmt (vor allem in den kalten Jahreszeiten) und von den Schleimhäuten angefeuchtet.

Sanft atmen

Atemgeschwindigkeit:
Bei der Chakra-Atemübung 1 wählen Sie sie so, daß Sie jede Phase be-

wußt verfolgen und nachvollziehen können. Bitte keine Hast – kein gewaltsames »Lungenfüllen«.

Ying und Yang vereinen

Langsames *Einatmen* erhöht die Fähigkeit, alle Einzelheiten bewußter wahrzunehmen. Vermeiden Sie es, das *Ausatmen* in irgendeiner Form zu forcieren. Überlassen sie das *Ausatmen* Ihrem Körper. Einatmen und Ausatmen sollen ein harmonisches Verhältnis zueinander finden. Die beiden Pole, Ausatmen und Einatmen, werden dabei eins – ein Klang, ein Ton. Ein tiefes und befreiendes Gefühl des Loslassens und der Entspannung ist die Folge.

Atmen Sie langsam, gleichmäßig und entspannt. Achten Sie während der Übung auf Ihre persönliche Grenze. Bei Schwindelgefühlen und Benommenheit reduzieren Sie die Menge der Atemluft.

Beginnen Sie mit der folgenden *kleinen Atemmeditation* (S. 93). Diese kleine Meditation wird Sie mit Ihrem Atem vertraut machen und Sie etwas tiefer in die Entspannung führen.

Beobachten Sie für eine Weile (10 bis 15 Atemzüge lang) Ihren Atem. Anschließend atmen Sie etwa 30mal tief und gleichmäßig ein und aus – ohne Pause. Das Ausatmen geschieht von selbst, d. h., Sie überlassen es Ihren Lungen, dem Körper.

Sich erlauben, passiv zu sein

Spüren Sie einige Minuten nach. In dieser Atementspannungsphase lenken Sie die Energie nicht. Spüren Sie einfach das innere Fließen. »Tun« Sie in dieser Phase nichts aktiv. Genießen Sie es, dazusein.

Anschließend lenken Sie Ihre Aufmerksamkeit *auf* und *in* das Chakra, das Sie beatmen wollen. Benutzen Sie, wie schon beschrieben, Ihre Vorstellungskraft. Öffnen Sie es in der Phantasie, und atmen Sie drei bis fünf Minuten in das Zentrum, und schließen Sie es wieder.

Wenn Sie mit einer Chakra-Atemcassette üben, so folgen Sie den Anweisungen.

Bitte vergessen Sie niemals, die Chakren gedanklich zu schließen!

Eine kurze Zusammenfassung der Chakra-Atemübung 1

1. Beginnen Sie mit der *kleinen Atemmeditation* – mit den 30 Atemzügen.

2. Lenken Sie Ihr Bewußtsein in das jeweilige Zentrum und *öffnen* Sie es mit Ihrer Vorstellungskraft.

3. In einem *Vierer-Rhythmus* beatmen Sie das Chakra während drei bis fünf Minuten.

4. Gönnen Sie sich *eine Minute Pause,* und schließen Sie gedanklich das Zentrum, bevor Sie das nächste Zentrum beatmen.

5. Nachdem Sie das letzte Chakra (Kronen-Chakra) beatmet haben, legen Sie sich bequem auf den Rücken und visualisieren ein warmes, helles und heilendes Licht *in* und *um* jedes Chakra.

6. Die Energie lassen Sie frei fließen – nichts lenken, nichts führen.

Chakra-Atemübung 2

Aktivierung und Harmonisierung
der feinstofflichen Energiezentren
am Morgen

Beatmungsablauf für alle sieben Energiezentren

Beginnen Sie auch hier, bevor Sie die Zentren beatmen, mit der *kleinen Atemmeditation.*

• Nehmen Sie die jeweils beschriebene Atemposition ein (siehe Bild).

• Lenken Sie Ihre Aufmerksamkeit für etwa 30 Sekunden auf das Zentrum, das Sie beatmen wollen.

• Anschließend atmen Sie 60 Sekunden schnell und kraftvoll durch die Nase ein und aus – mit einigen Ausnahmen (siehe Bildtext).

• Nach dieser Aktivatemphase atmen Sie nochmals tief ein und halten den Atem an, so lange Sie können.

- Atmen Sie entspannt aus und »lauschen« Sie nach innen. Die Augenblicke nach der aktiven Phase sind die wichtigsten, um sich selbst zu fühlen, wahrzunehmen und zu begegnen. Erst dann, wenn wir unsere Aufmerksamkeit in das Hier und Jetzt lenken, können wir das innere Geschehen und die Atemqualität wahrnehmen.

- Das beatmete Chakra gedanklich schließen.

- Warten Sie etwa eine Minute, bis Sie das nächste Zentrum aktivieren.

Die dazugehörenden Bewegungen finden Sie im Bildtext erklärt.

Atem-Meditation

Die *kleine Atem-Meditation* wird Sie mit Ihrem Atem und Ihrer Energie vertraut machen.

Sitzen Sie aufrecht und entspannt. Sie schließen Ihre Augen und beobachten Ihren Atem. Lassen Sie den Atem für eine Weile ganz natürlich kommen und gehen (10 Atemzüge). Anschließend atmen Sie ganz bewußt 30mal tief, gleichmäßig und zusammenhängend, ein und aus.

Wurzel-Chakra

Setzen Sie sich in den Schneider- oder Fersensitz. Strecken Sie die Arme seitlich vom Körper weg, und heben Sie sie bis in Schulterhöhe. Die Handflächen zeigen nach oben. Bei jedem Ein- und Ausatmen schwingen die Hände wie kleine Flügel auf und ab.

Nabel-Chakra

Hocksitz. Die Fußsohlen sind im ganzflächigen Kontakt mit dem Boden. Setzen sie sich zwischen die Beine. Die Arme sind nach vorne ausgestreckt. Die Handflächen berühren den Boden. Sollten Sie mit der Balance Probleme haben, dann lehnen Sie sich an. Der Kopf hängt entspannt nach unten.

Sonnengeflecht

Fersensitz. Legen Sie die Fingerspitzen beider Hände auf das Sonnengeflecht. Bei jedem Ausatmen im Oberbauch wie ein Scharnier leicht abknicken. Beim Einatmen richten Sie sich wieder auf.

Herz-Chakra

Schneider- oder Fersensitz: Die Hände/Finger in der Höhe des Herzzentrums verhaken, dabei leicht auseinanderziehen. Die Hände bilden eine Achse. Die Ellbogen bewegen sich in einer Wiegebewegung analog zum Atemrhythmus auf und ab.

Kehlkopf-Chakra

Schneider- oder Fersensitz. Die Hände liegen entspannt auf den Oberschenkeln. Atmen Sie zweimal kurz und stoßartig durch die Nase ein und ebenso kurz zweimal durch den Mund wieder aus, wie eine Lokomotive.

Stirn-Chakra

Schneider- oder Fersensitz. Verschränken Sie Ihre Hände hinter dem Kopf. Die Ellbogen bewegen sich beim Einatmen nach hinten und beim Ausatmen nach vorne.

Kronen-Chakra

Schneider- oder Fersensitz. Strecken Sie Ihre Arme über den Kopf. Atmen Sie aufmerksam, leicht schnüffelnd durch die Nase ein und aus. Nach einer kleinen Pause visualisieren Sie *in* und *um* jedes Chakra ein heilendes, warmes und helles Licht.

Ruhe- und Meditationsphase

Zum Abschluß beider Chakra-Atemübungen:
Nachdem Sie die aktive Atemphase beendet haben, verweilen Sie noch einige Minuten in der Sitzposition.

Schließen Sie beim Ausatmen die Augen.
Aufrecht sitzend spüren und lauschen Sie nach innen.
Beobachten Sie jede Atembewegung.

In dieser Phase sind Sie ganz passiv.
Sie tun nichts.
Sie lassen geschehen, was von selbst geschieht.
Genießen Sie diesen Zustand, nichts zu tun und nichts zu wollen.

»Du sitzt still da, tust nichts, der Frühling kommt, und das Gras wächst von selbst.«
Zen-Weisheit

Entspannungsphase

Legen Sie sich auf den Rücken, und übergeben Sie das Gewicht Ihres Körpers der Erde. Fühlen Sie sich getragen, geborgen und sicher. Atmen Sie ruhig und frei. Lassen Sie los – lassen Sie sich fallen. Fühlen Sie sich verbunden mit sich selbst, der Natur und der Erde.

Das Abenteuer Atem

Nur Mut!

Die Reise nach innen ist ein Sprung ins Unbekannte. Es ist abenteuerlich, nach dem zu suchen, was wir sein könnten – oder besser gesagt: nach dem, was wir sind. Es ist ein Vortasten in der Dunkelheit zum Licht.

Ja – es ist ein Abenteuer.

Denn unsere innere Welt hat viel zu erzählen von dem, was in uns vorgeht. Selbstverständlich wird sich im Laufe der Zeit, auch für Sie, die Atem- und Körperbewußtheit, die Sensibilität und Wahrnehmung für das, was wir wirklich fühlen und empfinden, erhöhen.

Neues entdecken und sich wohl fühlen

Der Atem ist dafür die Brücke. Er läßt uns in diese andere Welt hineinschauen. Im Atem finden wir immer wieder aufs Neue ein tiefes Gefühl der Geborgenheit. Er löst

Begrenzungen auf und führt uns in eine andere Dimension des Seins. Der Atem trägt uns zurück zur Quelle. Diese Quelle heißt Leben und Sein.

So fand ich mein Vertrauen in das Leben wieder. Ein Vertrauen darauf, daß alles, was geschieht, nur dazu dient, den *inneren* Plan zu erfüllen.

Wir sind in dieser Welt, um ein wenig heiler und heller zu werden. Aber gerade an Grenzpunkten, wo wir vielleicht aus Bequemlichkeit oder Angst nicht weitergehen, uns nicht entwickeln wollen, wird der Atem eine wertvolle Hilfe, ein kraftvoller Katalysator sein.

Auch dem Unsichtbaren Bedeutung schenken

Diese Übungen unterstützen Sie darin, bewußter und wacher am Leben teilzunehmen. Vertrauen Sie Ihrem Atem. Er ist eine der mächtigsten und stärksten Lebensquellen, die für Sie bereitsteht. Atmen ist das Selbstverständlichste, aber auch das Wichtigste in unserem Leben. Noch ist genügend Sauerstoff für alle Menschen vorhanden. Leider geben wir dem, was im Überfluß vorhanden und nicht sichtbar ist, zuwenig Bedeutung. So selbstverständlich und unbewußt wir auch atmen: Jeder Atemzug ist ein Geschenk.

Üben nicht vergessen!

Die Chakra-Atemtechniken sind so einfach, daß jede und jeder sie praktizieren kann, und dennoch bewirken sie eine sanfte Belebung und Harmonisierung in den Energiezentren. Dies ist, wie Sie wissen, nur dann möglich, wenn wir regelmäßig üben.

Wie Sie aus eigener Erfahrung wissen, brauchen wir, wenn wir ein bestimmtes Ergebnis oder Veränderungen in unserem Leben wünschen, am Anfang etwas mehr Energie, mehr Zeit und Aufmerksamkeit als für jene Dinge, die uns schon vertraut sind.

Wir müssen üben.
Auch Sie können üben!
Wollen Sie das für sich selbst tun?

Das Selbstvertrauen stärken

Nach einer gewissen Zeit werden Sie feststellen, daß Sie tatsächlich Ihre physischen und feinstofflichen Ebenen ausbalancieren und ein harmonisches Gleichgewicht der inneren Kräfte herstellen können.

Den inneren Schatz entdecken

Tun Sie etwas für Ihre geistige und physische Gesundheit! Geben Sie sich die Erlaubnis, sich einmal nur um sich selbst zu kümmern. Fördern Sie Ihre Sensibilität und Geduld.

Öffnen Sie sich Ihren Gefühlen. Sie sollten sich öfters selbst zuhören, annehmen und begegnen, damit Sie innere Sphären kennenlernen können. Eine reiche Welt, eine Welt der Empfindungen und Gefühle, wird sich Ihnen zeigen.

Der Atem – ein neuer Freund

Machen Sie den Atem zu Ihrem besten Freund – unbewußt ist er es ohnehin schon. Auf wunderbare Weise wird er Sie tragen und verwandeln. Er wird Sie lehren, sich selbst und das Leben in seinem natürlichen Kreislauf zu akzeptieren.

Der Atem wird Sie auf einer sehr interessanten Reise zu sich selbst begleiten. Der Atem kann auch für Sie ein Tor zur inneren Harmonie sein. Verwirklichen Sie den Menschen, der Sie im Grunde sind – ein göttliches Wesen.

Meine besten Wünsche begleiten Sie.

Der richtige Ton für jedes Chakra

Jedes Chakra strahlt eine spezifische Schwingung aus, die den Schwingungen von Musikinstrumenten sehr ähnlich ist. Das erste Chakra (Wurzel-Chakra) schwingt sehr langsam und tief. Je höher sich die Chakren im Körper befinden, desto feiner und leichter sind die Schwingungen. Jedes Chakra ist deshalb für Töne und Schwingungen, die von außen kommen, resonanzfähig.

Dieses Wissen wußten wir zu nutzen und haben deshalb eine *Chakra-Atem-Cassette* kreiert, wobei für jedes Chakra ein anderer Ton erzeugt wird. (Bezugsquelle siehe Seite 115)

Kontaktadresse:

AME

ATEM · MEDITATION · ENTSPANNUNG

Rebirthing
Bewußtes und Integratives Atmen
Körperbewußtsein
Körper- und Energiearbeit
Meditation / Mentaltraining
Inner Voice Dialogue
Ganzheitliches Beziehungs-
und Kommunikationstraining
Esoterische Psychologie

Helmut G. Sieczka
Atemlehrer
Certified Rebirther

Carl-Orff-Straße 15
Jahnhöhe
8068 Pfaffenhofen a. d. Ilm 1

Über den Autor

Helmut G. Sieczka ist Atemlehrer (Certified Rebirther) und Autor mehrerer Bücher. Er arbeitet seit über 10 Jahren im Bereich der ganzheitlichen und humanistischen Therapie und leitet Intensivseminare in Deutschland, Griechenland und Italien. In der Nähe von München bietet er Einzelsitzungen an. Die geistige Entwicklung und die Bewußtseinserweiterung des Menschen stehen dabei im Mittelpunkt.

Wichtiger Hinweis:

Die angebotenen Atemübungen können keine physio- oder psychotherapeutische Behandlung ersetzen.

Jeder Leser, jede Leserin ist deshalb aufgefordert, eigenverantwortlich *zu entscheiden, ob und inwieweit die in diesem Buch angebotenen Übungen dazu geeignet sind, die Gesundheit und das Wohlbefinden zu erhalten und zu stärken.*

Weitere Veröffentlichungen des Autors

Bücher

Sich selbst erkennen, *Oesch Verlag, Zürich, 1986*

Danke für diesen Tag! *Oesch Verlag, Zürich, 1988*

Affirmationskarten, *Oesch Verlag, Zürich, 1988*
– Liebevolle Beziehungen
– Heilende Gedanken
– Atem – Spiritualität – Frieden
– Geh nicht daran vorbei
– Sich selbst bewußt sein
– Du bist liebenswert

Bodywork, *Oesch Verlag, Zürich, 1988*

Ich mag mich, *Synthesis Verlag, Essen, 1983*

Weitere Literatur zum Thema

Butler, Walter E.: Die Aura, *Sphinx Verlag, Basel 1988*

Dychtwald, Ken: Körper-Bewußtsein, *Synthesis-Verlag, Essen 1986*

Johari, Harish: Das große Chakra-Buch, *Hermann Bauer Verlag, Freiburg 1987*

Leadbeater, C. W.: Die Chakras, *Hermann Bauer Verlag, Freiburg 1988*

Rendel, Peter: Die Chakras, *Sphinx-Verlag, Basel 1984*

Sherwood, Keith: Die Kunst spirituellen Heilens, *Hermann Bauer Verlag, Freiburg 1988*

Sherwood, Keith: Kraftzentren des Lebens, *Hermann Bauer Verlag, Freiburg 1986*

Wallimann, Silvia: Die Umpolung, *Hermann Bauer Verlag, Freiburg 1988*

Walter, Johannes: Die heilende Kraft des Atems, *Verlag Peter Erdmann, München 1987*